DE LA VRAIE REPRÉSENTATION.

À L'OCCASION DU RAPPORT SUR LA RÉFORME ÉLECTORALE.

> La société est une grande famille : elle a son chef, elle a ses représentans....
> Les gouvernemens sont faits pour le bonheur des peuples....
> C'est pour le peuple qu'il y a un trône, une législature, tout en un mot. (*Rapport.*)

PARIS,

A. PIHAN DE LA FOREST, IMPRIMEUR,

RUE DES NOYERS, Nº 37.

1834.

Il est une loi morale, une loi d'ordre primitif ou plutôt d'ordre naturel, une loi pleine de vie et de force et de sens, qui régit les lois de sorte secondaire et d'espèce accidentelle; qui leur imprime et leur retire toute prérogative, suivant qu'elles dérivent ou qu'elles s'écartent de ses inviolables décrets. Cicéron en donne ainsi la définition : *Recta ratio, constans, universa : nec per populum aut per senatum solvi hâc lege possumus.*

Législateurs, vous faites des lois pour nous. Voilà la loi qui fut faite pour vous.

Faites des lois : le pouvoir vous en fut déféré, mais à la charge de ne pas enfreindre les prescriptions suprêmes; la force vous en fut remise, mais sous la condition de ne pas envahir sur les droits acquis.

On ne vous dispute point l'omnipotence légale; elle est inévitable ; il faut subir le joug de la nécessité : et cependant au-dessus de la sphère où elle s'exerce, sur la tête des ministres, sur la conscience des députés, plane et domine une puissance toute autre, la toute-puissance morale.

L'éternelle justice naquit avant et vivra après la légalité : c'est elle qui l'installe, bien loin d'être intronisée de sa main ; c'est elle qui la réprouve, bien loin d'être soumise à son contrôle.

Avant les membres de la chambre actuelle, combien d'autres sont arrivés de leurs provinces se sont réunis à Paris, en sorte d'assemblées, et ne voyant rien qui fût placé au-dessus d'eux, ne voyant personne qui pût ou dût exercer le pouvoir, tous néanmoins élus et convoqués à des titres différens, à des titres disputés par le présent ou par l'avenir, tous se sont imaginé innocemment ou insolemment, que la volonté portait raison et que la force donnait justice.

Et de là, juste ciel! qu'il s'est échappé de lois illicites, illégitimes, de lois de mort et de ruine, de lois de folie et de sottise, jusqu'à ces deux lois dont l'une abolit l'être suprême, et l'autre le recréa sous une forme nouvelle! (*Du rembour-sement : 1824.*)

Avant tout, la société pour but, la loyauté pour moyen.

Ce peu de mots porte l'anathème du plan de suffrage universel : surtout quant au parti légitimiste ; car ce système restant en théorie , implique la dénégation du principe royaliste, et, mis en pratique, entraîne la subversion de l'ordre social (1).

Imprudens, impudens qu'ils sont, de présenter ainsi un appât , un leurre à l'effervescence révolutionnaire, qui ferait d'eux-mêmes sa première proie ; et de jeter sur les voies de la royauté, au cas de son retour, un obstacle contre lequel elle se briserait ; et de s'engager en son nom , au sujet d'une mesure incompatible avec elle , impossible sous elle.

Imprudens, impudens qu'ils sont , de renier le dogme de leur culte, en mendiant l'alliance du parti le plus hostile ; et bien qu'étant repoussés par le dédain , de se proclamer comme agissant de concert ; et, autant que le permet leur faible

---

(1) La *Quotidienne*, qui mérita les plus graves reproches lors de l'échauffourée de l'Ouest, si elle eut la folie de croire au succès de la guerre civile par les armes, n'a pas la sottise de compter sur le triomphe de la guerre politique par les boules.

influence, de travailler à l'effet de lui procurer une victoire décisive, de se préparer à eux-mêmes une défaite finale.

Même les républicains, sauf la portion radicale, se laissent tromper s'ils ne veulent tromper, en soutenant le mode de suffrage universel : dont le résultat ne serait pas, comme le rapporteur paraît le croire, au profit des républicains, avec l'élection directe, et au profit des royalistes, avec l'élection par degrés.

Ici, le rapporteur oublie qu'il vient de tracer le tableau le plus frappant de ce qui s'est passé dans la triste France, sous l'influence du suffrage universel direct ou indirect.

Le résultat est à prédire, comme il a été prédit en 1790 : non sans un degré d'aggravation, qu'exciteraient les lumières décevantes, les exemples enivrans, et que ne réprimeraient ni le frein de la religion, ni la chaîne des habitudes (1).

---

(1) (*Les prédictions de* 1790.) La défiance et la discorde s'aggraveront mutuellement : les partis seront emportés au-delà de leurs desseins, et le royaume tombera dans l'anarchie, avant qu'aucun s'en soit aperçu.

A-t-on pensé, comme il serait facile d'anéantir dans les provinces tout ce qui reste de ces ordres indomptables, de souffler le désir du pillage dans l'esprit des peuples, de livrer au glaive tant de têtes innocentes.

. . . .

Le sang a coulé : savez-vous s'il sera possible d'en arrêter

Eh ! mettez la main sur la couscience, s'il y a moyen de la rencontrer, vous, petites gens d'hier, grandes gens d'aujourd'hui ; vous qui, touchant aux rangs du peuple, semblez être renégats de votre foi ; vous qui, prêchant naguères la cause du peuple, semblez être apostats de votre culte.

Qu'avez-vous fait de ce peuple, à ce peuple qui vous était donné en garde, qui s'était donné à votre garde ?

D'un bord, surcroît de tributs, en fait d'enfans et d'écus; de l'autre, octroi d'instruction primaire, ou première pour mieux dire.

Mais en double façon, c'est semer, mûrir les malédictions autour de vos têtes : car, faible qu'il est, si faible qu'il soit, le rayon tremblant de lumière se reflète sur un seul point, sur le point personnel ; et concentré ainsi, éclaire vivement, profondément, le hideux contraste des douceurs que vous vous prodiguez, des rigueurs que vous infligez.

Alors vient le suffrage universel, le vote universel dont, suivant la *Gazette*, l'un était con-

----

le cours ? Les propriétés ont été violées : vous promettez-vous de fixer au crime, une ligne de démarcation.

Ah ! vous iguorez jusqu'où s'emportera cette masse frappée d'une impulsion violente, formée au pillage et pressée par la faim. Elle se jettera çà et là : elle confondra sous sa main de feu, toutes les classes, toutes les fortunes, toutes les existences.

damné et l'autre approuvé par *Montesquieu* ; dont, suivant la *Gazette* encore, celui-là s'exerçait sur la place publique d'Athènes, et celui-ci s'exercera seulement au chef-lieu des quarante mille communes. (10 février.)

Il vient. Et c'est le peuple en masse, en amas, qu'il faut attirer à soi, attacher à soi, pour lui dérober des bulletins propices.

Rien de plus simple, de plus facile.

« Pourquoi donc tous les biens aux uns, tous
« les maux aux autres ? Pourquoi le très petit
« nombre en autorité, le très grand nombre en
« servitude ?

« Les hommes ne sont-ils pas égaux ? Ne som-
« mes-nous pas les plus forts, et eux les plus
« faibles ? »

C'est assez. Le sac des églises, des comptoirs, des boutiques : le feu aux châteaux, aux maisons de campagne ; la chasse aux prêtres, aux nobles, aux bourgeois surtout. Tel est l'effet.

Certes, vous ne tarderez pas d'en avoir à votre suffisance, vous feuille réputée royaliste, vous journaux censés républicains : et vous crierez merci, mais en vain.

Cependant c'est ce qui adviendra ; non pas tant par suite des prédications de la presse, qu'en conséquence des actes du pouvoir représentatif, de ce pouvoir révolutionnaire dans l'ordre politique, et contre-révolutionnaire dans l'ordre économique.

Les méprises accouchent des mécomptes.

Sur ce point, dans le rapport comme dans les têtes, ce n'est qu'un mésentendu perpétuel, universel..

« Une condition seule est nécessaire : c'est que « la réunion des électeurs soit assez nombreuse « pour que l'intrigue, et l'influence du pouvoir « échouent.....

« Si l'on a l'intelligence des droits politiques, « on doit les exercer dans toute leur plénitude.....

« Votre loi a appelé aux élections, tout ce qui « avait un intérêt positif de conservation.....

« Le cens actuel représente les intérêts mé-« diocres, comme les intérêts élevés.....

« Trop de médiocrité de fortune livre l'homme « à tous les besoins, le laisse dépourvu d'indé-« pendance et de lumières.....

« Avant que le peuple n'ait appris à user de « ses droits politiques, on ne peut appeler les « masses à venir prononcer avec leurs passions, « etc., etc. »

. . . .

. . . .

« La société est une grande famille. A l'exem-« ple de celle dont elle est l'image, elle a son « chef, elle a ses représentans . . . .

« Les gouvernemens sont faits pour le repos « et le bonheur des peuples : quand ils ne rem-« plissent pas ces conditions, ils ne peuvent se « promettre une longue durée. Plus spécialement,

« le gouvernement représentatif doit répondre
« aux mœurs et aux besoins de la société......

« Reconnaissons qu'il importe que les droits
« et les pouvoirs de tous soient confiés aux mains
« de quelques-uns, qui ne les exercent et ne
« doivent les exercer que dans l'intérêt général...

« C'est à l'élection directe que l'on doit de
« mettre l'homme plus en rapport avec les inté-
« rêts qu'il représente, et de le porter à des
« sentimens de justice, de bienveillance pour
« ses semblables....

« Lors de la révolution de 1830, n'a-t-on pas
« voulu déclarer que c'était pour le peuple qu'il
« y avait un trône, pour lui des législateurs, pour
« lui une administration; en un mot, que tout
« était fait pour sa protection, sa civilisation et
« sa prospérité ! »

Suivant la première série de ces passages, le
corps électoral doit être désigné sous diverses
conditions : l'indépendance, l'intelligence et les
lumières, l'absence des besoins et des passions.

Et suivant la dernière série, la société est une
grande famille, a ses représentans; les gouvernemens sont faits pour le bonheur du peuple; les
pouvoirs doivent être exercés dans l'intérêt général; le député doit être en rapport avec les intérêts qu'il représente; enfin le trône, la loi, tout
est fait pour le peuple.

Ainsi les moyens et la fin sont avoués loyale-
ment, ingénûment. Et les moyens sont en théorie,

adaptés à la fin ; mais en pratique, ils n'y sont pas appliqués, d'après ce passage du rapport.

« Voilà bientôt un demi-siècle que le pays « travaille avec douleur, à se donner enfin une « forme de gouvernement capable de répondre « à sa pensée et à ses intérêts.»

Certes, le rapporteur marchera de surprise en surprise, et le pays travaillera avec douleur de demi-siècle en demi-siècle, pour peu que les choses aillent comme elles vont, comme elles allaient.

Ne disons pas que dans la catégorie censitaire, l'indépendance existe sous le rapport moral, au même point que sous le rapport physique : car si un morceau de pain, une pièce de monnaie n'y achètent pas les votes, aussi les votes se vendent à tout autre prix, à plus haut prix.

Ne disons pas qu'en son sein, l'intelligence et les lumières se vouent à la recherche des maux invétérés, et s'adonnent à la découverte des remèdes appropriés ; car alors un demi-siècle de travail avec douleur aurait de quelque peu avancé le terme.

Ne disons pas qu'il y ait absence de besoins ; car les besoins organiques sont vite assouvis, au lieu que les besoins intellectuels ne se rassasient jamais.

Ne disons pas qu'il y ait absence de passions ; car les passions brutales s'éteignent vite, au lieu que les passions ou serviles ou rebelles s'exaltent de jour en jour.

Qu'on promène le niveau électoral de rangs en rangs, partout c'est le même homme, ayant des besoins et des passions, étant sous leur dépendance : ce n'est un autre homme qu'en point d'intelligence et de lumières, qui se mettent au service de l'intérêt, et sont dangereuses d'autant qu'elles sont intenses.

Laissons les moyens : allons à la fin. Les formes ne sont rien : le fond est tout.

C'est un vain préalable, que le droit soit couché sur le papier, soit tracé en chiffres, s'il ne vient à pénétrer dans l'ame, à s'implanter en la tête.

Il importe peu quelles conditions légales sont imposées au droit électoral : il importe fort que les prescriptions morales soient accomplies par le pouvoir législatif.

Qu'on se rappelle le rapport.

« La grande famille..... le bonheur du peuple..,.
« l'intérêt général..... les élus en rapport..... la loi pour le peuple. »

Pour parvenir à de telles fins, tous les moyens sont valides, s'ils sont efficaces.

N'en déplaise à vous tous, royalistes, républicains, libéraux, monarchistes, s'il advient un gouvernement quelconque, qui veuille et puisse parfaire l'œuvre, il est légitime.

Comme aussi le gouvernement quelconque qui manque à ces conditions ne peut se promettre une longue durée, ainsi qu'il est exposé dans le rapport.

De là, au sujet de la réforme électorale, à peine y a-t-il à dire ou plutôt à redire deux mots.

(*La loi des circonstances*, 1830.) « Il faudrait « admettre les membres du jury.

« Quand la presse et la parole sont en pleine « liberté, ont la toute puissance, on traite leurs « organes en îlotes, on les transforme en ennemis.

« Où il n'y a que faiblesse, les défenseurs sont « recherchés ; où est toute la force, les assail- « lans sont provoqués.....

« Le nombre des électeurs devrait être fixé en « raison de la population : Paris en fournit un sur « cinquante, et telle province un sur cinq cents.

« La cote de 100 fr., en province, équivaut, « en fait d'aisance et d'indépendance, à la cote « de 300 fr. à Paris.....

« Quant à baisser le cens électoral, plus on « descend en fait de cote foncière, moins on « rencontre d'intelligence et de puissance.

« L'opinion doit être saisie, où elle existe déja, « ne doit pas être suscitée, où elle n'est pas née « encore.....

« La patente ne compterait qu'au terme de « trois ans : c'est chose trop ridicule, que l'élec- « teur d'aujourd'hui ne le fut pas hier, ne le sera « pas demain.....

« A l'égard du cens d'éligibilité, avant de le « soutenir, il faut démontrer, qu'à la cote de « 1,000 fr., est essentiellement, exclusivement « attaché le brevet d'indépendance, de loyauté, « de raison.

« Le monopole ne sert que l'intrigue parisienne
« et la sottise provinciale , tandis que la concur-
« rence, par l'effet seul du débat, tend à éclairer,
« à guider les pauvres hères d'esprit. »

Ainsi parlait un vaincu de juillet, après tout
dévoué au pays; et il n'était point écouté par les
vainqueurs de juillet, avant tout absorbés en eux-
mêmes.

De là, date l'ère de leur ruine d'abord, de notre
ruine aussi : la foudre révolutionnaire n'ayant
pas à discerner entre des destinées si fatalement
confondues.

Non pas , qu'absolument parlant , il y eût une
haute importance à constituer le cens électoral ,
en une telle façon ; mais parce qu'il a paru que les
restrictions n'étaient conservées que dans la vue
d'écarter des ennemis ou des rivaux, et de s'assu-
rer la majorité de l'urne.

Chose dont l'opinion est d'autant plus révoltée,
qu'ici , à quarante ans d'intervalle, la constituante
s'était refusée à la réélection ; et qu'à la distance
de deux ans, la chambre des communes a sacrifié
tant de chances.

Même l'artifice n'aura pas de succès.

Les électeurs , en général apathiques, à peine
sauront gré d'avoir été maintenus dans leurs pri-
viléges : et les électeurs défians se laisseront
gagner par les diatribes débitées à tort ou à raison ;
et les électeurs désabusés ne se laisseront plus
prendre aux promesses trop souvent trahies.

Au-dedans de la salle, c'est la main qui trace le nom ; mais c'est du dehors que l'esprit guide la main.

Vainement viendra en aide la loi sur les crieurs, pour exalter ceux-ci et déprimer ceux-là, ce semble à l'abri de la revanche. Tout d'abord, il en sera fait abus, de sorte à perdre l'usage : et elle sera fraudée au risque de quelques jours de prison ; elle sera éludée en justice, ou par peur ou par dégoût.

Sotte loi, nullement capable d'amortir, et seulement apte à exciter les crises! Triste loi qui ouvre la périlleuse carrière de l'arbitraire, où il n'est si bon cavalier qui ne bronche et ne culbute, avant d'atteindre le terme fuyant devant ses pas.

Sinistre loi, à laquelle, proportion gardée, vont si bien ces paroles de *Burrhus :*

> Il vous faudra, seigneur, courir de crime en crime,
> Soutenir vos rigueurs par d'autres cruautés,
> Et laver dans le sang vos bras ensanglantés.

Cette loi, trop semblable à la chétive censure de 1827, ainsi qu'il est dit dans le rapport au sujet du vote universel de la *Gazette*, a été présentée et adoptée *avec l'énergie qui tient du désespoir d'une cause vaincue.*

Car une cause est vaincue, au moins virtuellement, alors qu'il faut la défendre par des moyens hétérogènes, antipathiques à son principe : la preuve étant ainsi donnée, ou que le principe n'est pas fondé sur des bases solides, ou que le principe a été détourné hors de ses voies naturelles.

Ainsi les périls s'aggravent sans cesse, s'entassent outre mesure.

S'ils peuvent encore être conjurés, ce ne sera plus par la réforme électorale lente et douteuse en ses résultats; ce sera plutôt par la réforme législative, vive et certaine en ses effets.

Le rapport dit tout en un seul mot : la grande famille a ses représentans.

Or, ces représentans sont de deux ordres : les électeurs ou délégués tacites; les élus, ou députés officiels.

Il y a les mandataires au premier degré, les mandataires au second degré.

Les délégués ont le mandat quant aux choix : les députés ont le mandat quant aux lois.

Telle est la nécessité, la fatalité, si l'on veut, commune à tous lieux, pareille en tous temps.

Car, à soutenir avec la *Gazette*, que le droit du vote de l'impôt appartient à quiconque paie l'impôt, c'est ne pas voir que chacun se refusant à le voter, nul ne serait plus tenu à le payer.

Car, à proclamer avec les feuilles libérales, qu'à l'aide des lumières, les classes populaires seront mises en état d'user des droits politiques : c'est ne pas entendre qu'il y a un certain travail à faire; et que ce travail est fait par ces classes; et que leur temps y est employé, leur esprit absorbé, leur force épuisée.

Quoi qu'on dise ou qu'on fasse, toujours il y aura, dans la grande famille, des aînés, des cadets, ceux-là tuteurs, ceux-ci pupilles.

Seulement que les aînés ne se fassent pas tyrans, en faisant esclaves les cadets : que les tuteurs ne s'enrichissent pas, en appauvrissant les pupilles.

Les cadets, faibles de vue, faibles de sens, sont forts des reins, des bras : les hasards ou les complots ne manquent pas de les former en rangs, de leur ouvrir la lice.

Et comme ils sont ineptes à connaître les hommes, à comprendre les choses, ineptes à savoir, à vouloir ce qu'il leur faut, ce qui se peut : c'est l'ère de l'extermination, de la conflagration.

Inexorablement, la peine suit le crime.

Or, quel crime extrême, de se faire un titre du mandat qui est reçu, de se faire un droit du pouvoir qui est transmis.

Quel crime suprême aux aînés, de torturer les cadets, aux tuteurs, de spolier les pupilles.

Eh! bien, on ne voit que cela : même cela se voit en double façon.

Les électeurs vont à leur intérêt, les députés vont à leur intérêt : d'accord trahissant la grande famille, et à l'envi se trahissant entre eux.

Le mal est comme de règle : le bien est d'exception.

L'esprit se perd à la recherche d'un seul acte conçu, compris, combiné, à l'ordre, en vue des prescriptions obligatoires.

Pourtant, devoir pur, sentiment droit, intérêt vrai, concordent non à l'aspect et pour l'instant, mais en réalité et dans l'avenir.

Pourtant, équité, humanité, utilité s'allient et se confondent, au point du bien-être physique et moral de la masse populaire.

Quiconque ne se nourrit pas du travail personnel, est nourri par le travail étranger. Quiconque ne crée pas les valeurs dont il se nourrit, est nourri par les valeurs qu'ont créées les autres.

Et la dîme fractionnaire, à prélever sur ce travail, sur ces valeurs, s'élève en somme, d'autant que celui-là est activé, que celles-ci se sont accrues.

C'est l'A. B. C. : de même inentendu, et par l'esprit allourdi, et par l'esprit exalté.

En outre du sens, il faut que l'ame manque : l'ame, dont le nom même, vieilli, suranné, est passé hors d'usage ; l'ame qui fait l'homme ; et fait l'homme à l'homme, et fait l'homme pour l'homme.

L'ame manque. A qui donc de vous, électeurs ou délégués, élus ou députés, a-t-il été donné d'apprécier ou même de présumer, quelle est la haute, la sublime mission, dont vous investit ou le décret ou le scrutin.

Nul ne le sent, ne le sait. Aussitôt le collége ouvert, la carte d'entrée s'avance, pénètre dans la salle, monte au bureau, desserre les mâchoires, bégaie deux paroles, barbouille un papier, le plie, le remet, et clôt la scène par une révérence obligée.

Sans que ladite carte, bien que tenue à la main d'un être doué, ce semble, et d'intelligence et de moralité, lui apprenne à quel titre, à quelle charge, à quelles fins, la main reçut la carte.

De même, à la chambre, la médaille se rend à sa place, s'étend sur les bancs; et tantôt dort, tantôt crie, et manœuvre l'assis et levé, et jette boule blanche ou noire : sans que ladite médaille apprenne rien non plus.

Parfois, avant l'entrée et même à l'entrée, quelque instinct souffle, qu'il n'y a pas que soi au monde; qu'en soi-même, en soi seul, il n'y a qu'un; que hors de soi, il y a tel et tel équivalent en prix, indéfini en nombre; qu'enfin ici c'est un, et là ce sont tous.

Soudain l'instinct heureux, ne rencontrant à qui parler, avec qui s'entendre, échappe à la pensée, s'efface de la mémoire.

De là, dans les colléges, dans la chambre, et quant au choix, quant aux lois, il n'est gardé trace de la généralité, de l'universalité, il n'est tenu compte que de la localité, de l'individualité.

En masse, les électeurs font état seulement, des intérêts de la classe; à part, chaque électeur fait état des intérêts de la personne : sans omettre les intérêts du lieu, pourvu qu'ils soient en rapport avec ceux de la classe, de la personne.

Les députés, dont l'action aurait à neutraliser une si fatale influence, voient mieux sans doute, veulent mieux peut-être ; mais ils n'osent, toujours retenus, réprimés dans les voies du bien public, par la crainte de déplaire aux électeurs.

Les députés se bornent à être les représentans des votes matériels de leurs commettans ; ne tendent pas à se faire les représentans des vœux moraux de leurs compatriotes.

Et cela se fait de bonne foi, en conscience : tant il arrive, en révolution surtout, que là on se fait une passion de sa religion, qu'ici on se fait une religion de sa passion.

Même la passion, la religion de parti, au terme d'une lutte pénible et périlleuse, tourne en enthousiasme, pousse au fanatisme; tant les membres du parti agissant exclusivement, et réagissant constamment, les uns sur les autres, s'échauffent, s'enflamment.

Terminons et concluons.

Il n'y a pas une vraie représentation.

De nécessité générale, la représentation est fictive quant à la forme : par nécessité spéciale, la fiction est confinée à la classe moyenne.

Mais la fiction ne doit pas se métamorphoser en réalité ; mais les pouvoirs ne doivent pas être transformés en droits.

A l'égard de la classe moyenne ou plutôt intermédiaire, la loi est à faire par elle, et non pour elle ; par cela même qu'à l'égard de la masse nationale, la loi est à faire pour elle, et non par elle.

Or , rien n'est fait pour, tout est fait contre la

masse nationale : car l'impôt seul lui pèse, et l'impôt pèse de plus en plus.

Plaît-il d'en lire le sommaire?

Sous les influences de l'avidité ou de la vanité : le dégrèvement foncier consacré; le fonds d'amortissement conservé. Et la réduction de l'armée ajournée; l'occupation d'Alger prolongée.

D'où, plus de 200 millions à percevoir au total.

Les impôts personnel, mobilier, locatif aggravés; la taxe des boissons modifiée à contre-sens; la taxe du sel gardée au point extrême; l'octroi des villes porté outre mesure.

D'où, près de 150 millions à prélever sur la faim et la soif.

Les canaux à 400 millions déja; les chemins de fer à 400 millions bientôt : au prix de 40 millions par an, en impôts.

Les fers et fontes, les houilles surtout, prohibés : à perte de 50 et 100 millions par an, en produits.

Nul ne veut cela, parmi 30 millions de Français, exclus du scrutin constitutionnel?

Nul ne voudrait cela, parmi les mêmes admis au suffrage universel?

Il n'y a donc pas une vraie représentation.

Et jusqu'à ce qu'il y ait une vraie représentation, le pays travaillera avec douleur, comme il fait depuis un demi-siècle, à se donner un gouvernement qui réponde à ses intérêts. (*Rapport.*)

Et le pays avortera à bout de douleur; car

au gré de la fatalité, l'ordre tel qu'il est, ne fait pas le bien, parce qu'il ne le veut pas; l'ordre ou le désordre tel qu'il sera, fera le mal, sans qu'il le veuille.

DE L'IMPRIMERIE D'A. PIHAN DE LA FOREST,
Rue des Noyers, n° 37.